세상을 바꾸는 환경 운동가들

케이트 페리도트 글 | 세라 롱 그림 | 윤정숙 옮김

첫번째 펭귄

차례

세상의 환경 운동가들 … 4   야생동물 챔피언이 되는 법 … 5

벌을 믿어요 … 6~7
미카일라 울마

사자를 사랑해요 … 16~17
제네리아 레킬렐레이

산호초의 구원자 … 8~9
루스 게이츠 박사

방울뱀 구출자 … 18~19
올리비아 라이스와 카터 라이스

코모도왕도마뱀의 보호자 … 10~11
데니 푸르완다나

코뿔소 레인저 … 20~21
리타 음하벨라

위기종들의 안식처 … 12~13
제럴드 더렐

고슴도치 돌보미 … 22~23
레스 스토커

대왕고래와 함께 … 14~15
자크 쿠스토 선장

호랑이 이야기꾼 … 24~25
라티카 나스 박사

바다거북의 친구 … 26~27
릴리 베니젤로스

갈색곰을 구하라 … 28~29
마리오 치폴로네

상어는 위험하지 않아요 … 30~31
발레리 테일러

여우원숭이가 사는 숲 … 32~33
보아히라나 란드리아마몬지

뉴질랜드 토종 카카포를 지켜요 … 34~35
타네 데이비스

제왕나비의 겨울잠을 위하여 … 36~37
쿠아우테목 사엔즈 로메로 박사

대왕판다를 보살펴요 … 38~39
뤼즈 박사

오랑우탄은 '숲에 사는 사람'이에요 … 40~41
비루테 갈디카스

북극의 얼음이 녹아
우리 모두 위험해요! … 42~43
실라 와트 클루티에

우리가 자연을 돌보면
자연도 우리는 돌볼 거예요 … 44~45
데이비드 애튼버러

자연을 돌볼 시간 … 46~47   옮긴이의 말 … 48

세상의 환경 운동가들

자연 속으로 걸어 들어가서 주위를 둘러보세요. 수백의 생명체가 하루를 시작하고 있어요. 파고 쌓고 사냥하고 수확하죠. 우리 행성에는 약 870만 종의 동식물이 살고 있어요. 각각의 종은 독특하고 기이하고 중요해요.

슬프게도 숲속의 포유동물부터 바다의 물고기와 하늘의 새, 심지어 한때는 너무나 풍부했던 곤충까지 많은 야생 동식물과 그 서식지가 사라지고 있어요. 현재 100만 종 이상의 동식물이 멸종 위기에 놓였어요. 주로 우리 인간 때문에 그렇게 되었죠.

대부분의 사람들은 환경에 해를 끼치려는 마음이 없어요. 하지만 현대적인 삶을 살다 보면 우리 모두가 조금씩 환경에 해를 끼치게 되죠. 우리가 타고 다니는 자동차와 비행기는 가스를 내뿜어서 기후를 변화시켜요. 우리는 숲을 없애고는 그 땅에 집을 짓고 농사를 지어요. 그리고 해로운 화학 물질과 쓰레기로 땅과 바다를 오염시키죠. 하지만 아직 희망은 있어요. 우리 모두 힘을 합하면 커다란 변화를 만들 수 있어요.

환경 운동가란 어떤 사람인가요?

환경 운동가는 자연을 구하기 위해 행동하는 사람이에요. 그들은 어떤 동물이나 장소를 구하기 위해 노력해요. 때로는 전체 생태계를 되살리기 위해 노력하죠. 더 나아가 우리 행성 전체의 건강을 생각하기도 하고요.

야생동물 챔피언이 되는 법

이 책에서 여러분은 전 세계에서 활동하는 환경 운동가 스물한 명을 만날 거예요. 그리고 그들이 지키려는 동물과 생태계도 만날 거예요.

✸ 먼저 개개인이 어떻게 환경 보호에 참여하는지, 오늘날 야생동물을 가장 크게 위협하는 것은 무엇인지 알아봐요.
✸ 환경을 보호하는 다양한 활동에 대해 알아봐요.
✸ 집과 학교에서 여러 환경 보호 활동을 하면서 환경 운동가가 되는 연습을 해 봐요.

자연계를 도우려는 모든 활동이 중요해요. 그 활동을 모두 합하면 엄청난 일이 일어날 수 있거든요! 우리의 삶을 바꾸고 자연을 보호하고 다른 사람들에게도 그렇게 하라고 설득해 보세요.

적색 목록

국제자연보전연맹(IUCN)은 위기에 빠진 생물종의 목록을 만들었어요. 그 목록은 '적색 목록'이라고 불려요. 적색 목록은 어떤 동식물을 가장 먼저 보호해야 하는지 알려 줘요.

최소 관심(Least Concern, LC) : 지금은 개체 수가 많아요.
준위협(Near Threatened, NT) : 서식지를 보호하지 않으면 미래에 멸종할 수도 있어요.
취약(Vulnerable, VU) : 개체 수가 줄어들고 있어서 멸종할 수 있어요.
위기(Endangered, EN) : 야생에서 멸종할 위험이 아주 높아요.
위급(Critically Endangered, CR) : 야생에는 소수만 남아 있어서 10년 안에 멸종할 수 있어요.
야생 절멸(Extinct in the Wild, EW) : 동물원이나 보호 시설에서만 살아요.
절멸(Extinct, EX) : 마지막 개체가 죽었어요.

벌을 믿어요 미카일라 울마(2004~)

미카일라는 미국 텍사스 주 오스틴에 살아요. 네 살 때 1주일에 두 번이나 벌에 쏘인 적이 있어요. 미카일라는 벌이 무서워서 밖에 나가 놀지 않겠다고 했어요. 그러자 부모님이 벌에 대해 공부하면 벌이 무섭지 않을 거라고 했죠. 미카일라는 도서관에서 책을 읽으면서 벌이 중요하다는 것을 알게 되었어요. 벌은 맛있는 꿀을 만들 뿐만 아니라 꽃가루를 아주 많이 운반해 주죠. 또한 미카일라는 많은 야생벌이 위기에 처해 있다는 것도 알게 되었어요. 야생화가 피는 목초지와 숲이 사라지고 있었거든요. 여름이 더욱 덥고 건조해지면서 어떤 꽃은 피지 못해요. 농부들은 농작물을 먹는 벌레를 없애려고 화학 약품을 뿌리고요. 화학 약품은 벌에게도 해를 입히죠.

어느 날 학교에서 미카일라는 '어린이 사장님 축제' 포스터를 보았어요. 미카일라도 뭔가를 만들어 파는 사장님이 되고 싶어서 증조할머니의 1940년대 요리책을 뒤져 보았어요. 그리고 레모네이드 만드는 법을 찾아냈지요. '레모네이드를 만들어서 벌을 도울 수는 없을까?' 미카일라는 레모네이드에 설탕 대신 꿀을 넣었어요. 미카일라는 집 밖에서, 그리고 여러 축제에서 레모네이드를 팔아 벌어들인 돈을 자선 단체에 기부했지요. 벌을 돕는 자선 단체였어요. 미카일라의 사업은 계속 성장했어요. 미카일라의 회사에서 만든 '미 앤 더 비즈 레모네이드'는 미국 전역에서 팔리고 있어요.

벌 챔피언

미카일라는 더헬시하이브파운데이션을 세웠어요. 벌을 보호하고 양봉업자를 지원하고 친환경 기업가를 격려하는 자선 단체예요. 미카일라는 학교를 방문하고 텔레비전과 신문에 나가고 소셜 미디어를 이용해 벌의 연약함과 중요성을 일깨웠어요.

수분이 뭐예요?

바람, 비, 새, 곤충은 식물의 꽃가루를 옮겨요. 뛰어난 꽃가루 매개자인 벌은 하루에 수천 송이의 꽃을 찾아다녀요. 식물이 씨앗과 열매를 만들려면 꽃가루가 필요해요. 벌이 없다면 많은 야생화, 야생 열매, 채소는 자라지 않을 거예요.

산호초의 구원자
루스 게이츠 박사(1962~2018)

─ 산호 프로필 ─

산호는 수천 개의 폴립으로 이루어져 있어요. 폴립은 말미잘, 해파리 같은 강장동물의 기본 체형을 일컫는 말이에요. 폴립은 원통형 몸의 위쪽에 입이 있고 입 주위에 몇 개의 촉수가 있죠. 그런데 산호의 폴립 안에는 바다 식물인 조류가 자리를 잡고 자라면서 산호에 아름다운 색깔을 입혀 줘요. 폴립과 조류 둘 다 영양분을 만들어 서로에게 먹이를 공급하죠. 서로 다른 유형의 산호가 함께 살고 자라면서 산호초가 만들어져요.

적색 목록

6,000종의 산호 대부분이 위협받고 있어요. 지난 20년 동안 전 세계의 산호초 중 절반이 바닷물의 온도 상승과 환경 오염으로 파괴되었어요.

바다는 왜 점점 따뜻해질까요?

바다는 온실가스를 흡수해요. 이산화탄소 같은 온실가스는 화석 연료를 태울 때 생겨요. 이 가스는 세계의 기후를 바꿔서 바다를 더 따뜻하게 하고 더 산성으로 만들어요.

활동!

산호초 모형을 만들어요

아쿠아리움에 가면 산호초에 사는 다채로운 생명체를 볼 수 있어요. 다양한 재료로 산호초 모형을 만들어 보세요. 거기에 어떤 모양의 산호를 넣어 볼까요? 여러분의 산호초에 누가 숨어 있을까요?

영국에서 자랄 때 루스는 TV 시리즈인 '자크 쿠스토의 해저 세계'를 좋아했어요. 열한 살 무렵 루스는 해양 생물학자가 되기로 결심했어요. 1985년 루스는 카리브 해의 산호초를 연구하기 위해 자메이카로 갔어요. 루스는 전문 다이버가 되어 산호초 표본을 채취하다가 이상하고 걱정스러운 무언가를 보았어요. 바로 하얗게 변해 죽어 가는 산호였어요!

루스는 그 원인을 찾기로 했어요. 5년 동안 루스는 바다의 온도를 기록하고 산호가 어떻게 변화하는지 관찰했어요. 루스는 물의 온도가 너무 높으면 어떤 산호는 흰색으로 변하고 ('백화 현상'이라고 불러요) 결국 죽는다는 것을 알아냈어요.

그런데 세계 곳곳에서 산호가 흰색으로 변해 가고 있었어요. 루스는 산호를 구하는 것이 시간과의 경주임을 알았어요. 루스는 하와이에 게이츠 산호 연구소를 세웠어요. 그리고 왜 어떤 산호초는 백화 현상에 강한지 연구했어요. 루스와 연구 팀은 더 따뜻한 물에서 생존할 수 있는 산호를 실험하고 길렀어요. 그리고 그 산호들을 '슈퍼 산호'라고 불렀죠! 루스와 연구 팀은 손상된 산호초에 아기 슈퍼 산호를 심었어요. 건강하게 자라는지 보기 위해서였지요.

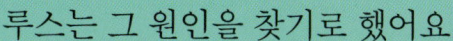

산호 챔피언

최고의 산호 과학자인 루스는 다큐멘터리에 출연하고 세계를 여행했어요. 그리고 과학자, 정치인, 학생들과 산호에 대해 이야기를 나누고 기후 변화가 바다에 미치는 영향에 대해서도 대화했어요. 루스의 특별한 활동과 열정은 다음 세대의 산호 과학자들에게 영감을 줘요. 그들은 지금도 게이츠 산호 연구소에서 슈퍼 산호로 실험을 이어 가고 있어요.

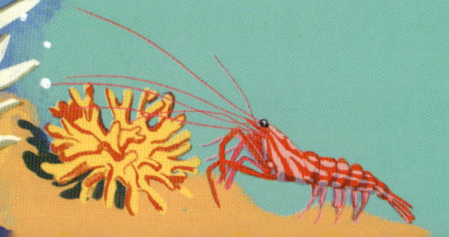

코모도왕도마뱀의 보호자 데니 푸르완다나

적색 목록
코모도왕도마뱀은 취약종이에요. 야생에 2,500마리만 남아 있어요.

무시무시한 코모도왕도마뱀은 인도네시아에서 가장 큰 포식자 중 하나예요. 데니는 20여 년간 코모도왕도마뱀을 지키기 위해 '코모도 서바이벌 프로그램'이라는 단체에서 일했어요. 코모도왕도마뱀은 다섯 개 섬에 살아요. 이 섬들은 1980년대에 코모도 국립공원으로 지정되었어요.

데니는 이 거대한 도마뱀을 연구하며 현장에서 많은 시간을 보냈어요. 그는 코모도왕도마뱀을 추적하고 개체 수 조사를 돕고, 그들의 똥을 모아 무엇을 먹는지 알아내고, 새끼가 거대하게 자라는 동안 행동이 어떻게 변하는지 관찰했어요. 또한 코모도왕도마뱀이 어떤 문제를 일으키는지 섬 주민들과 이야기를 나누었어요. 육식 동물인 도마뱀은 종종 마을로 들어가 닭과 염소를 공격했어요. 그러면 분노하고 공포에 질린 마을 사람들이 도마뱀을 죽였지요.

데니는 현장 연구를 통해 코모도왕도마뱀이 가장 좋아하는 먹이는 루사사슴이라는 사실을 알아냈어요. 그런데 사람들이 루사사슴을 사냥하면서 섬에 사슴이 거의 남아 있지 않았어요. 배고픈 코모도왕도마뱀은 어쩔 수 없이 다른 먹이를 찾아야 했지요. 데니는 마을 사람들에게 사슴 사냥을 멈추고 닭과 염소 우리 주위에 울타리를 두르라고 했어요. 그는 학교를 돌아다니면서 아이들에게 코모도왕도마뱀에 대해 가르쳤어요. 도마뱀과 함께 안전하게 지내는 법을 가르친 거죠. 데니는 코모도 서바이벌 프로그램의 책임자가 되었고, 그의 팀은 섬사람들이 도마뱀과 평화롭게 살도록 돕고 있어요.

— 코모도왕도마뱀 프로필 —

세계에서 가장 큰 도마뱀인 코모도왕도마뱀은 3미터까지 자랄 수 있어요. 날카로운 이빨과 강한 독을 지니고 있어요. 두 갈래로 갈라진 혀로 멀리서 나는 피 냄새까지 감지해요. 코모도왕도마뱀은 주로 썩은 고기를 먹지만 참을성 있게 기다렸다가 먹잇감을 습격하기도 해요. 땅 색깔과 같은 갈색 비늘로 완벽하게 위장하죠.

코모도왕도마뱀 챔피언

해마다 여행객들이 인도네시아의 섬으로 가서 공원 경비원과 함께 코모도왕도마뱀을 구경해요. 여행객들은 섬사람들이 만든 기념품도 사요. 데니는 최대한 많은 섬사람이 돈을 벌 수 있게 도와줘요. 그 덕분에 더 많은 섬사람이 코모도왕도마뱀을 좋아하고 자랑스러워하게 되었어요.

활동!

하루 동안 현장 연구자가 되어 보세요

여러분의 정원이나 공원을 규칙적으로 찾아오는 동물을 고르세요. 그런 다음 조용하고 편안하게 앉아 있을 곳을 찾으세요. 그 동물에게 겁을 주거나 그 동물의 행동에 방해되지 않아야 해요. 그 동물은 뭘 하나요? 뭘 먹나요? 얼마나 머물렀나요? 여러분이 관찰한 것을 가족이나 반 친구들에게 알려 주세요.

위기종들의 안식처
제럴드 더렐(1925~1995)

위기종들의 챔피언

저지 동물원은 위기종만 모여 있는 첫 동물원이었어요. 제럴드는 흰귀꿩, 알다브라거북, 분홍비둘기 같은 멸종 위기종을 포획해 번식시킨 다음 복원된 서식지로 돌려보냈어요. 더렐 야생생물 보전 신탁과 저지 동물원이 제럴드의 뒤를 이어 이 일을 계속하고 있어요. 그 덕분에 지금까지 23종의 위급종이 야생으로 돌아갔어요.

적색 목록

82종의 동식물이 야생에서 멸종되어 식물원과 동물원에만 있어요. 양서류 중 40퍼센트는 멸종 위기에 놓여 있어요.

활동!

가까운 동물원에 가 보세요

어떤 동물이 멸종 위기종인가요? 어떻게 동물원이 이 동물을 구할 수 있을까요? 여러분이 동물원을 도울 방법은 많아요. 여러분이 동물원의 회원이 되면 어떨까요? 동물을 입양하는 건 어때요? 아니면 용돈을 모을 수 있나요?

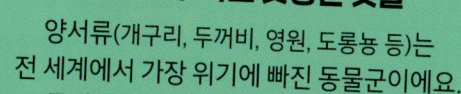

제럴드의 '작고 못생긴 것들'

양서류(개구리, 두꺼비, 영원, 도롱뇽 등)는 전 세계에서 가장 위기에 빠진 동물군이에요. 몬세라트 산닭개구리는 세계에서 가장 큰 개구리 중 하나이지만 항아리곰팡이병으로 야생에서 곧 멸종할지 몰라요. 이 동물을 보전하기 위해 저지 동물원에서 암수 한 쌍을 돌보고 있어요.

1935년 제럴드가 열 살일 때 그의 가족은 영국에서 그리스의 코르푸 섬으로 이사했어요. 제럴드는 그 섬을 돌아다니면서 동물을 찾고 모으는 것을 좋아했어요. 그는 뱀, 두꺼비, 도마뱀붙이, 전갈을 집에 가져왔어요. 그는 집에서 그 동물들을 보며 연구했지요. 1939년 전쟁이 터졌을 때 더렐 가족은 영국으로 돌아갔어요. 제럴드는 아쿠아리움, 애완동물 가게, 그다음에는 농장에서 일을 도왔어요. 그런 경험 덕분에 그는 자신이 원하는 직업을 찾을 수 있었지요. 바로 휩스네이드 동물원의 사육사였어요.

전쟁 이후 동물원들은 더 많은 동물을 전시하고 싶어 했어요. 제럴드는 동물학자들을 따라 열대 우림 지역에 가서 다양한 종을 수집하기로 했어요. 그런데 동물학자들은 동물원 관람객을 감동시킬, 예쁘고 이국적인 동물에만 관심이 있었어요. 제럴드는 모든 동물이 중요하고 보호받아야 한다고 생각했어요. '작고 못생긴 것들'인 개구리와 두꺼비조차 말이죠(제럴드는 장난으로 '작고 못생긴 것들'이라고 말한 거예요).

제럴드는 자신의 동물원을 만들어 위기종을 보호하고 싶었어요. 그는 동물원이 사람들을 즐겁게 해 주는 곳만은 아니라고 생각했어요. 동물원이 동물 보호에도 중요한 역할을 한다는 것이었죠. 야생동물을 잡아 동물원에서 돌본다면 그 동물이 야생에서 멸종해도 완전히 사라지지는 않는다는 거죠. 동물원을 만들 돈을 마련하기 위해 그는 동물과 함께한 자신의 모험을 기록한 책을 냈어요. 1959년 제럴드는 저지 동물원을 만들었어요.

대왕고래와 함께
자크 쿠스토 선장(1910~1997)

젊은 시절 자크는 끔찍한 교통사고로 양팔이 부러졌어요. 깁스를 풀자마자 자크는 팔 힘을 회복하기 위해 매일 지중해에서 수영을 했어요. 어느 날 그는 고글을 빌렸고 파도 아래에서 마법 같은 세상을 발견했어요. 그때부터 바다와 바다 생물을 향한 평생의 사랑이 시작되었죠.

    자크는 바다 밑에 더 오래 머물고 싶었어요. 그래서 친구인 에밀 가냥의 도움으로 아쿠아 렁(수중에서 숨 쉬는 도구)을 발명했어요. 최초로 수중 카메라와 조명을 만들어서 자신의 모험을 전 세계와 공유했지요.

    1972년 자크와 그의 팀은 「세상 끝으로의 여행」이라는 영화를 찍기 위해 그의 연구용 배인 칼립소 호를 타고 남극으로 출발했어요. 자크는 얼음 아래로 잠수해 레오파드바다표범, 펭귄, 크릴(고래가 좋아하는 먹이예요)을 만났어요. 하지만 고래는 어디에 있었을까요?

    1960년대 무렵 대왕고래를 포함한 많은 고래가 수없이 포획되어 멸종 위기에 놓였어요. 램프를 밝힐 고래기름을 얻기 위해서였죠. 쓰레기와 유출된 연료도 해안을 오염시켰어요. 이런 일을 막을 규칙은 없었어요.

    고래를 보호하기 위해 자크는 정부에 도움을 요청했어요. 1990년에는 각 대륙에서 한 명씩 뽑은 여섯 명의 아이와 함께 남극을 다시 방문했어요. 마지막으로 남은 위대한 자연에 '평화와 과학의 땅'이라고 선언하기 위해서였죠. 1991년 45개국이 남극 조약에 서명했어요.

대왕고래 프로필

남극의 대왕고래는 30미터까지 자랄 수 있어요. 지금껏 지구상에 살았던 생물체 중 가장 커요. 가장 큰 공룡보다도요! 대왕고래는 주로 크릴을 먹어요. 매일 4톤가량 되는 크릴을 퍼 올리죠. 대왕고래는 홀로 또는 가족과 함께 헤엄쳐요. 대왕고래는 멀리까지 전달되는 강력한 저주파로 연락을 주고받아요.

고래 챔피언

자크는 유명해진 덕분에 영향력이 커졌어요. 세상에는 아직 고래를 잡는 나라가 있기에 그는 그 나라의 정치인들에게 연락했어요. 고래를 잡아 죽이지 말라는 것이었죠. 1982년 상업적 고래 사냥을 금지하는 조약이 통과되어 1986년에 시행되었어요. 이 조약이 오늘날까지 고래들을 보호해 주고 있어요. 쿠스토 소사이어티는 자크의 뜻을 이어받아 전 세계의 모든 바다에서 해양 생물을 지키고 보호하는 일을 계속하고 있어요.

적색 목록

남극의 대왕고래는 심각한 위기에 처해 있어요. 대왕고래의 개체 수는 120년 전에 비해 대략 1퍼센트에 불과해요. 대왕고래는 배, 그물, 환경 오염, 기후 변화에 따른 먹이 감소로 피해를 입고 있어요.

활동!

포스터의 힘

노르웨이, 일본, 아이슬란드에서는 아직도 고래를 사냥하고 있어요. 고래가 얼마나 잡히는지, 왜 이 나라들이 고래를 잡는지 조사해 보세요. 그리고 '고래 사냥을 멈추라'는 포스터를 그려 고래 보호 단체에 보내세요. 여러분의 응원이 큰 힘이 될 거예요.

사자를 사랑해요
제네리아 레킬렐레이

적색 목록

아프리카 케냐 북부의 사자들은 위기에 처해 있어요. 사자의 수가 지난 20년간 절반으로 줄어들었어요. 케냐에는 2,500마리도 남아 있지 않아요.

제네리아는 삼부루족 전사이고 케냐 북부에 살아요. 눈에 보이는 모든 곳에 사바나가 펼쳐져 있어요. 야생동물과 사람을 나누는 울타리는 거의 없고 전사의 일은 마을과 가축을 지키는 것이었어요. 사자가 마을의 염소를 죽이면 제네리아가 쫓아가 사자를 죽였어요. 그래야 사자가 다시 마을에 오지 않거든요.

어느 날 에와소 라이온이라는 단체가 제네리아에게 함께 일하자고 했어요. 에와소 라이온은 2007년에 케냐의 동물학자인 시바니 발라 박사가 세운 단체예요. 에와소 라이온은 마을 사람들을 훈련시키고 장비를 나눠 주었어요. 에와소 라이온과 함께 일하면서 제네리아는 에와소 강가에 사는 어른 사자의 수가 열한 마리밖에 되지 않는다는 사실을 알게 되었어요.

삼부루 사람들은 사자를 두려워했는데도 그들의 민요와 이야기에는 사자가 등장해요. 제네리아는 사자가 없어지면 삼부루 문화의 중요한 일부도 사라질 것임을 알았어요.

이후 제네리아는 사자를 사냥하지 않고 보호하기 위해 노력했어요. 매일 아침 일찍 차를 몰고 사바나를 돌아다니며 사자를 찾았어요. 그가 사자의 위치를 무전으로 알려 주면 마을 사람들은 안전한 곳에 가축을 풀어 풀을 뜯게 했죠. 그는 사자 가족들의 사진을 찍었어요. 그러고는 주둥이에 있는 독특한 무늬로 각각의 사자를 확인했어요. 사자와 가까워지고 사자에 대한 이해가 깊어지면서 제네리아는 삼부루 사람들에게 공포와 분노를 버리고 사자를 사랑하라고 가르쳤어요.

사자의 유산

제네리아와 에와소 라이온 덕분에 이제 삼부루 사람들은 팀을 만들어 사자를 보호해요. 에와소 지역의 사자 수는 50마리 이상 늘어났고 사자들은 목에 무선 장치를 달고 있어요. 이 무선 장치는 사자를 추적하도록 도와줘요. 제네리아는 영어를 배워서 전 세계 사람들과 케냐의 사자에 대해 대화하고 사자를 보호하기 위한 돈을 모으고 있어요.

— 사자 프로필 —

서식지가 파괴되고 강수량과 먹이가 줄어들면서 케냐 북부의 사자들은 삶의 방식을 바꾸었어요. 더는 무리 지어 살지 않는 거죠. 사자들은 한두 마리의 암놈과 그 새끼들로 작은 가족을 이뤄 살거나 혼자 돌아다녀요. 더 많은 사람이 사바나에 들어와 살고 가축을 기를수록 사자가 생존하기는 더 힘들어요. 그래도 영리한 사자들은 최선을 다해 적응해 가고 있어요.

활동!

동물 추적자가 되어 보세요

어른과 함께 산으로 가세요. 야생동물에게 방해되지 않도록 조용히 걸어요. 동물의 흔적이 보이나요? 어떤 발자국을 찾을 수 있나요? 동물이 살고 있는 집은 어디인가요? 혹시 울음소리도 들리나요?

방울뱀 구출자
올리비아 라이스와 카터 라이스

활동!
공포 요인
우리는 왜 어떤 동물을 무서워할까요? 그 동물의 눈빛 또는 행동 때문이거나, 그 동물이 위험하다는 말을 들었을 거예요. 그 동물에 대해 몰랐던 사실 다섯 가지를 찾아보세요. 아직도 그렇게 무서운가요?

적색 목록
2007년 이후 방울뱀의 수를 세어 보지는 못했어요. 하지만 다른 많은 종이 그렇듯 그 수가 줄어들고 있을 거예요. 이들 종을 보호하려면 새로운 법률이 필요해요.

뱀 챔피언
'방울뱀과 야생동물 축제'는 교육과 보전 목적으로 뱀을 전시하고 뱀들은 야생동물 전문가에게 제대로 보살핌을 받아요. 올리비아와 카터는 지역 동물원과 박물관을 도와 '파충류의 날' 행사도 열었어요. 그들은 미국 조지아 주에 어떤 뱀이 사는지, 그중 어떤 뱀이 독이 있는지 가족에게 가르쳤어요. 그들은 교육으로 환경에 대한 인식을 높이고 동물에 대한 애정을 기를 수 있다고 믿었죠. 더 많은 모금 행사가 야생동물 축제로 발전했고, 4개 주에서는 지금도 꾸준히 모금 행사가 열리고 있어요.

올리비아와 카터는 항상 동물을 좋아했어요. 그들이 각각 일곱 살과 여덟 살일 때 '원 모어 제너레이션'을 시작했어요. 아이들과 어른들에게 야생동물에 대해 가르치고 위기종을 보호하기 위한 자선 단체예요.

어느 날 올리비아와 카터는 자신들이 사는 조지아 주에서 무슨 일이 벌어졌는지 알게 되었어요. 방울뱀을 두려워했던 조지아 주의 농부들은 1930년대 이후 뱀의 개체 수를 조절하기 위해 방울뱀 축제를 열었어요. 여러 해 동안 이런 축제는 큰돈을 벌어들였고 해마다 방울뱀 수천 마리가 잡혀 죽었어요.

올리비아와 카터는 어느 축제에 갔다가 뱀이 어떤 취급을 받는지 보고는 소름이 끼쳤어요. 잡힌 뱀은 구덩이에 갇혀 이리저리 꼬챙이에 찔렸어요. 뱀이 달려드는 모습을 사람들에게 보여 주기 위해서였죠. 그러고는 어느 뱀이 가장 큰지 크기를 재고 여기저기 끌고 다니다가 죽여서 껍질을 벗겼어요. 올리비아와 카터는 이런 전통이 바뀌어야 한다고 생각했어요.

올리비아와 카터는 파충류학자와 이야기를 나누었어요. 그러고는 방울뱀의 개체 수가 빠르게 줄어들고 있다는 사실을 알았어요. 그들은 방울뱀 사냥을 금지해 달라고 호소했어요. 조지아 주에서 방울뱀 축제를 여는 사람들도 설득하기로 했지요. 우선 그들은 에번스 카운티에서 방울뱀 축제를 여는 사람들을 설득해서 이 행사를 야생동물 축제로 바꾸었어요.

— 방울뱀 프로필 —

방울뱀은 29종이 있어요. 방울뱀의 꼬리에는 비늘로 이루어진 방울이 있지요. 방울뱀은 방울로 딸깍 소리를 내어 포식자와 사람들에게 경고해요. 방울뱀은 눈 부근에 열을 탐지하는 기관, 먹이의 냄새를 맡는 갈라진 혀, 그리고 독을 지니고 있어요. 방울뱀은 주로 쥐를 잡아먹고, 위협을 느낄 때만 사람을 물어요. 의학적 처치를 하면 방울뱀의 독은 사람에게 거의 치명적이지 않아요.

미국 남부에 사는 다이아몬드백 방울뱀은 가장 큰 뱀울뱀이고 2.4미터까지 자라요.

코뿔소 레인저
리타 음하벨라

— 코뿔소 프로필 —

영어로 코뿔소를 뜻하는 라이나서러스(rhinoceros)는 '코뿔'이라는 의미의 그리스어에서 유래했어요. 코뿔소는 하루 종일 우적우적 사바나의 풀을 뜯어요. 덕분에 풀은 계속 짧아서 새로운 꽃들이 자라고 작은 동물들이 돌아다닐 수 있어요. 코뿔소의 똥은 땅에 영양분이 되고 곤충들이 그 속에 알을 낳아요. 코뿔소는 진흙 목욕을 좋아해요. 코뿔소의 거대한 몸이 물웅덩이를 넘치게 해서 다른 동물들에게 물을 공급해 줘요. 진흙은 코뿔소가 햇볕에 타는 것을 막아 줘요.

흰코뿔소는 남자 어른만큼 키가 크고 남자 어른 30명만큼 무거워요.

적색 목록

코뿔소는 멸종 위기에 놓여 있어요. 검은코뿔소, 자바코뿔소, 수마트라코뿔소는 위급종이에요. 흰코뿔소는 준위협종이에요. 인도코뿔소는 취약종이에요.

활동!

야영 계획을 세워요

환경 운동가들은 은신처에서 동물을 관찰해요. 여러분의 정원이나 방(창문은 열어 두세요)에 텐트를 치세요. 텐트가 없다면 굴을 만드는 건 어떨까요? 쉿! 여러분은 어떤 동물을 보고 들을 수 있나요? 저녁부터 새벽까지 동물의 소리는 어떻게 달라질까요?

리타는 블랙 맘바스의 다른 레인저들과 함께 남아프리카의 발룰레 사냥금지구역을 순찰해요. 여성으로만 구성된 블랙 맘바스는 밀렵꾼들로부터 야생동물을 보호해요. 야생동물 보호 구역은 기린, 사자, 하마, 코끼리, 코뿔소의 서식지예요.

블랙 맘바스가 사냥금지구역을 순찰하기 전에는 많은 코뿔소가 뿔 때문에 죽임을 당했어요. 수집가들이 코뿔소의 뿔을 사기도 하고 어떤 나라에서는 코뿔소의 뿔을 가루로 만들어 약으로 사용했어요. 코뿔소의 뿔은 케라틴으로 구성되어 있어요. 케라틴은 우리의 손톱을 구성하는 성분이기도 해요. 케라틴이 건강에 좋은지는 증명되지 않았어요.

리타는 밀렵꾼들이 밤에 몰래 설치한 덫을 찾아다녀요. 밀렵꾼이 근처에 있는 것 같으면 무전으로 지원을 요청하기도 하죠. 밀렵꾼은 대개 숨거나 도망을 가요. 하지만 밀렵꾼은 총을 가지고 다니는데다 체포되지 않으려 하기 때문에 자칫 레인저가 위험해질 수도 있어요. 그럼에도 리타와 그녀의 팀은 위기에 빠진 동물들을 보호하기 위한 노력을 멈추지 않아요.

코뿔소 챔피언

리타는 사냥금지구역 근처의 학교들을 찾아가 자연 보호에 대해 가르쳐요. 많은 아이가 사자, 하마, 코뿔소를 본 적이 없어요. 그 동물들이 근처에 사는데도 말이에요. 아이들은 레인저들과 함께 사냥금지구역으로 캠핑을 가서 동물들을 보고 남아프리카의 야생동물과 생태계에 대해 배워요. 리타는 그 아이들이 야생동물 보호자가 되도록 용기를 주고 싶어 해요.

불법적인 야생동물 무역이 뭔가요?

많은 야생동물이 그들이 살고 있는 나라에서 법에 의해 보호받아요. 이 동물들을 잡고, 죽이고, 사고파는 건 불법이에요. 하지만 이들 나라 밖에서 사람들은 여전히 야생동물의 가죽, 엄니, 뿔을 모으고 야생동물 고기를 먹고 야생동물의 일부를 전통 약재로 사용해요. 어떤 사람들은 야생동물로 만든 상품을 비싼 값에 사들일 거예요. 그런 사람들은 동물들이 불법적으로 죽임을 당하든 말든, 그 종이 멸종 위기에 놓이든 말든 상관하지 않아요.

고슴도치 돌보미
레스 스토커(1943~2016)

적색 목록
영국에서 고슴도치는 멸종에 취약한 종으로 올라 있어요. 고슴도치의 서식지는 농경지가 되고 먹이인 곤충들은 농약에 죽어요.

1978년 레스 스토커는 뒷마당에 야생동물 병원을 열었어요. 당시 영국 사람들은 아프거나 다친 야생동물은 구할 수 없다고 생각했어요.

레스는 지역 수의사, 경찰, 동물 애호 단체에 연락했어요. 다친 야생동물을 발견하면 자신의 야생동물 병원으로 보내 달라는 것이었죠. 그 후 밤낮으로 꾸러미와 종이 상자가 도착했어요. 레스는 오소리, 다람쥐, 여우, 사슴, 설치류, 파충류, 새, 고슴도치를 받았어요.

헛간과 정원은 회복 중인 동물로 몹시 붐볐어요. 레스는 고슴도치만을 위한 먹이, 장비, 새 헛간에 필요한 돈을 모으기 위해 '야생동물 병원 기금'이라는 단체를 설립했어요. 그는 영국의 동화 작가 베아트릭스 포터의 책에 나오는 고슴도치의 이름을 따서 새 병동에 '세인트 티기윙클'이라는 이름을 붙였어요.

어느 여름, 몇 달 동안 비가 오지 않아 땅이 바싹 말라 버렸어요. 고슴도치들은 땅을 헤집어 벌레를 찾을 수가 없었죠. 세인트 티기윙클은 굶주리고 고통받는 수백 마리의 고슴도치를 도왔어요. 하지만 여전히 수많은 고슴도치가 눈에 띄지 않는 곳에서 굶주리고 고통받고 있었지요. 레스는 신문, 텔레비전·라디오 방송국에 이런 사실을 보도해 달라고 했어요. 그는 사람들에게 고슴도치 돌보는 법을 가르쳤어요. 레스 덕분에 수천 마리의 고슴도치가 구조되었고 세인트 티기윙클도 유명해졌어요.

— 고슴도치 프로필 —

17종의 고슴도치가 있어요. 고슴도치는 유럽, 아시아, 뉴질랜드 전역에 살아요. 야행성인 고슴도치는 하룻밤에 약 3킬로미터를 이동해요. 12월부터 4월까지는 아늑한 굴에서 겨울잠을 자고요. 고슴도치는 가시로 덮인 공처럼 몸을 말아 자신을 보호해요. 고슴도치는 정원의 식물을 뜯어 먹는 민달팽이, 달팽이, 곤충을 잡아먹기 때문에 '정원사의 친구'라고 불려요.

병들거나 다친 야생동물을 발견한다면 야생동물 구조 센터에 전화해 도움을 받으세요.

활동!

고슴도치를 도와주세요

밤에, 특히 덥거나 건조하거나 아주 추운 밤에 물그릇과 개(또는 고양이) 사료를 밖에 내놓으세요. 가을과 겨울에는 나뭇더미나 낙엽 더미를 옮기거나 치우기 전에 그 안에 겨울잠을 자는 고슴도치가 없는지 조심스럽게 확인하세요.

고슴도치 챔피언

1991년 레스는 현대적인 장비를 많이 갖춘 새 건물로 병원을 옮겼어요. 세인트 티기윙클은 야생동물 수의사, 간호사, 환경 보호 활동가들의 학교일 뿐만 아니라 세상에서 가장 큰 야생동물 병원이자 재활 센터가 되었어요. 병원 문은 항상 열려 있었어요. 동물은 완전히 회복된 뒤에 자연으로 돌아가요.

라티카가 네 살일 때 아버지가 야생 호랑이 사진을 주었어요. 라티카는 그 호랑이가 정말 아름답다고 생각하고 침실 벽에 사진을 붙여 두었어요. 라티카의 아버지는 인도 야생동물 위원회의 위원장이었어요. 휴일에 라티카와 가족은 새로운 야생동물 보호 구역에서 캠핑을 했어요. 라티카는 동물들을 관찰하는 것을 좋아했어요. 그래서 일곱 살 때 엄마 아빠에게 환경 보호 운동가가 되겠다고 말했지요.

인도에서는 누구도 호랑이를 과학적으로 연구하지 않았어요. 라티카는 자신이 최초로 호랑이를 연구해 보기로 했어요. 라티카는 5년간 숲에 살면서 호랑이를 추적하고 연구했어요. 그녀는 35마리의 호랑이를 알게 되었어요. 각각의 호랑이는 독특한 성격과 줄무늬를 지녔어요. 라티카는 항상 조용하고 공손했고 호랑이에게 너무 가까이 다가가지 않았어요!

라티카는 호랑이 서식지를 개선할 방법을 제안했어요. 우선 새로 물구덩이를 파서 숲의 생태계에 도움을 주었어요. 인도의 3개 국립공원을 잇는 야생동물 생태 통로를 지키기도 했지요. 라티카는 숲에서 나무를 베는 대신 소똥과 란타나(열대 지방에서 자라는 키가 작은 나무예요 – 옮긴이)로 땔감 만드는 법을 가르쳤어요. 그녀는 생태 정글 오두막을 지어서 관람객에게 돈을 받고 호랑이를 보여 주었어요. 지역 주민들에게도 일자리가 생겼지요. 라티카는 학교를 돌아다니고 예술을 통해 호랑이의 힘과 아름다움을 널리 알렸어요.

— 호랑이 프로필 —

세계에서 가장 큰 고양잇과 동물인 호랑이는 보통 몸길이가 3.3미터까지 자라요. 호랑이가 가장 좋아하는 먹이는 사슴이에요. 사슴은 어린 식물을 너무 많이 먹어 치우기 때문에, 만약 호랑이가 없다면 숲은 황폐해질 거예요. 다른 고양잇과 동물과 달리 호랑이는 물을 좋아해요. 새끼가 있는 암컷을 제외하면 호랑이는 혼자 살아요. 자신의 영역을 표시하기 위해 호랑이는 나무를 긁고 냄새나는 소변을 남겨 둬요.

적색 목록

호랑이는 다섯 종이 있어요. 수마트라호랑이, 말레이호랑이, 인도차이나호랑이, 시베리아호랑이, 인도호랑이예요. 이들 모두 멸종 위기에 놓여 있어요. 야생보다 포획되어 살아가는 호랑이가 더 많아요.

호랑이 챔피언

라티카와 그녀가 찍은 호랑이 사진이 TV 다큐멘터리, 언론 미디어, 그녀의 책(『숨겨진 인도 : 야생으로의 여행』)에 나와요. 그녀의 사진 한 장 한 장은 이야기를 들려줘요. 라티카는 자신이 호랑이를 사랑하는 이유를 말해 주면 다른 사람들도 호랑이에 대해 더 알고 싶어 할 테고 호랑이를 보호하기 위해 더 노력할 거라고 믿어요.

바다거북의 친구
릴리 베니젤로스(1933~)

1975년 어느 여름날 릴리는 자신의 배로 그리스 섬들 주위를 항해하고 있었어요. 그런데 폭풍이 몰아쳐서 자킨토스 섬의 라가나스 만으로 피신해야 했어요. 폭풍이 지나간 뒤에 그녀는 하얀 모래 해변으로 헤엄쳐 갔어요. 그때껏 만난 가장 아름다운 곳이었죠. 그런데 모래 위에 이상한 자국이 나 있었어요. 릴리는 어떤 생물의 자국인지 궁금했어요. 릴리는 답을 찾을 때까지 몇 번이고 해변으로 돌아갔어요. 그리고 마침내 답을 찾았어요. 암컷 거북이 해변으로 올라와 알을 낳고, 몇 주 후에 갓 부화한 새끼 거북들이 바다로 달려 나간 자국이었어요. 7월과 8월이면 붉은바다거북이 해변에 알을 낳았어요.

　당시 그리스는 휴일이면 많은 사람들이 찾는 인기 있는 곳이었고 라가나스 만을 따라 호텔들이 지어지고 있었어요. 릴리는 라가나스 만의 아름다움이 점점 사라지는 것이 슬펐고 바다거북의 알과 새끼들이 살아남지 못할까 걱정되었어요. 그녀는 바다거북에 관한 모든 것을 배웠고 그 지식은 바다거북을 구하는 논리가 되어 주었어요. 릴리는 거북의 서식지를 보호하기 위해 그리스 정부에 압력을 넣었고 1986년에 새로운 법이 만들어졌어요. 하지만 그 법은 제대로 시행되지 않았어요. 사람들은 계속 낚시를 하고 보트를 탔으며 해안에는 더 많은 호텔이 지어졌어요. 결국 릴리는 유럽 사법 재판소에 소송을 냈어요. 그렇게 릴리가 16년간 노력한 끝에 1999년 그리스 정부는 그리스 최초의 해양 공원인 자킨토스 국립 해양 공원을 세웠어요. 마침내 거북들이 사는 해변을 지켜 낸 거예요.

거북 챔피언

1988년 릴리는 메다셋(MEDASSET, 지중해 바다거북 보호 협회)이라는 단체를 만들었어요. 과학자들의 도움으로 그녀는 거북들이 어디서 먹이를 먹고 둥지를 만드는지, 무엇이 거북의 생존을 위협하는지 알아냈어요. 메다셋은 이제 9개국에서 활동하며 거북을 보호하고 있어요. 릴리의 활동 덕분에 전 세계의 수많은 사람들이 바다거북과 바다를 지키기 위해 노력하고 있어요.

― 바다거북 프로필 ―

바다거북은 일곱 종이 있어요. 붉은바다거북과 푸른바다거북은 지중해에 둥지를 만들고 장수거북은 먹이를 찾아 지중해로 오죠. 세계에서 가장 큰 거북인 붉은바다거북은 183센티미터까지 자라요. 붉은바다거북은 알을 낳기 위해 자신이 태어난 해변으로 돌아가요. 갓 부화한(종종 밤이에요) 새끼 바다거북은 가장 밝은 빛을 따라가요. 자연 속에서 그 빛은 바다에 비친 달이죠. 호텔이나 거리의 불빛이 달빛보다 더 밝으면 새끼 거북은 엉뚱한 곳으로 가게 돼요.

활동!

해변 청소에 참여하세요

온 가족이 함께할 수 있고 지역에서 진행하는 청소 활동에 참여할 수도 있어요. 여러분에게 필요한 건 보호 장갑, 쓰레기봉투, 함께 갈 어른뿐이에요. 쓰레기를 적당한 쓰레기통에 넣고 수시로 비워 주세요.

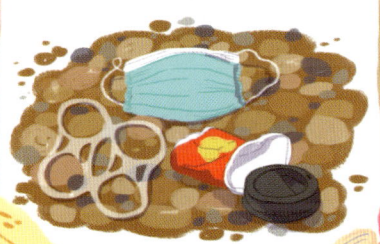

적색 목록

푸른바다거북 : 위기
붉은바다거북 : 취약
매부리바다거북 : 취약
장수거북 : 위급
켐프각시바다거북 : 위급
올리브각시바다거북 : 취약
납작등바다거북 : 분명하지 않음

갈색곰을 구하라
마리오 치폴로네(1981~)

— **마르시칸 갈색곰 프로필** —

야행성인 곰은 새끼가 있을 때를 제외하면 혼자 돌아다녀요. 겨울에는 굴에서 주로 잠자고 따뜻한 날에만 나타나요. 곰은 견과류, 산딸기, 꿀, 곤충, 동물의 사체를 먹어요. 곰은 씨앗을 퍼뜨리고 숲을 깨끗이 하는 데 도움을 줘요. 곰이 뒷다리로 일어서면 키가 2미터나 돼요. 마르시칸 갈색곰은 겁이 많고 사람들을 피해 다녀요.

마리오는 이탈리아 중앙의 아펜니노 산맥 근처에서 자랐어요. 한때는 곰이 산맥 여기저기를 돌아다녔어요. 하지만 수백 년간 사냥당하면서 이제는 그 수가 얼마 되지 않아요. 사람들은 공포 탓에 거대한 포식자인 곰을 죽였어요. 가축을 보호하고 곰 가죽을 얻기 위해서였죠. 제2차 세계 대전 이후 그곳에 살았던 많은 가족이 농지를 버리고 도시로 이사 갔어요. 시간이 지나면서 숲과 초지가 회복되어 야생동물에게 먹이와 은신처를 제공했어요.

10대 시절 마리오는 환경 보호 단체에서 자원봉사를 했고 동물들을 추적했어요. 그는 큰 동물들이 돌아오는 것을 보고는 아펜니노 산맥의 자연환경이 회복될 거라는 희망을 가졌어요. 마리오는 남아 있는 50마리의 마르시칸 갈색곰을 지키고 사람들을 가르치기 위해 살비아모 로르소(곰을 구하라)라는 단체를 만들었어요.

마리오는 리와일딩 유럽의 팀장이 되었어요. 리와일딩 유럽은 자연의 풍경과 생태계를 회복하기 위해 활동하는 단체예요. 자원봉사자들의 도움으로 마리오는 낡은 철조망을 1만 6,000킬로미터 이상 제거해서 곰과 늑대, 그들의 먹이인 사슴과 멧돼지가 자유롭게 돌아다니도록 했어요. 리와일딩 유럽은 위험한 콘크리트 우물 위에 안전 덮개를 설치해서 곰들이 떨어지는 것을 막았어요. 또한 버려진 과수원에서 가지치기를 해서 열매를 맺게 했어요. 곰들이 겨울잠을 자기 전에 열매를 먹고 살을 찌우게 하려는 것이었어요. 이제 마르시칸 갈색곰의 개체 수는 꾸준히 유지되고 있어요. 마리오는 곰의 서식지가 넓어져서 개체 수가 늘어나기를 바라고 있어요.

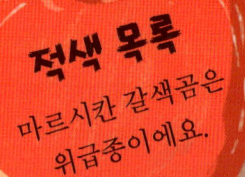

적색 목록
마르시칸 갈색곰은 위급종이에요.

활동!

이야기를 써 봐요

많은 동화에서 곰은 공포의 대상이나 악당으로 그려져요. 곰을 영웅이나 영웅의 친구로 만들어 이야기를 써 봐요. 곰의 중요성을 보여 주고 곰에 대한 공포를 없애려면 곰의 어떤 성격을 이야기에 담아야 할까요?

곰 챔피언

아펜니노 산맥에 곰의 개체 수가 늘어나는 것을 모두가 기뻐하지는 않아요. 곰은 폭력적일 수도 있기 때문에 사람들은 아직도 무서워해요. 곰은 달걀을 훔치기 위해 닭장을 습격하고 농장과 과수원에 피해를 입히고 꿀을 찾아 벌집을 부숴요. 마리오는 사람들에게 곰에 대해 가르쳐요. 살비아모 로르소는 곰을 막는 음식통과 전기 울타리를 나눠 주고 있어요. 마리오는 사람과 곰이 아펜니노 산맥에서 평화롭게 함께 살 수 있다고 믿어요. 또한 아펜니노 산맥이 자연의 모습을 되찾으면 생태 관광과 환경 보호(산마을에 혜택을 주죠) 분야에서 일자리가 만들어질 거라고도 믿고요.

상어는 위험하지 않아요
발레리 테일러(1935~)

활동!

바다에서 상어 구하기

가족이나 친구들에게 상어의 특성과 함께 상어가 바다 환경에 미치는 중요성을 가르쳐 주세요. 인터넷에서 정보를 찾아보세요. 여러분이 직접 그림을 그리거나 모형을 만드세요. 어떻게 해야 남획에서 상어를 구할 수 있을까요? 상어를 더 많이 보호해야 한다고 생각하나요?

상어 챔피언

1973년 발레리와 론은 「사라지는 청새리상어」라는 영화를 만들었어요. 발레리는 이빨을 드러낸 이 상냥한 상어들과 함께 잠수를 하고는 이들이 사람을 잡아먹지 않는다는 것을 보여 주었어요. 발레리는 이 상어를 보호하기 위해 노력했고 1984년 청새리상어는 최초로 보호받는 상어종이 되었어요. 이제 발레리는 나이가 많지만 아직도 환경 다큐멘터리를 만들어요. 상어 해양 공원을 만들어 달라고 청원도 하죠. 그뿐 아니라 수시로 바다 깊이 다이빙해서 친구들을 만나요.

적색 목록

상어의 10퍼센트만 바다에 남아 있어요. 상어 네 종당 한 종이 남획으로 멸종 위기에 놓여 있어요.

상어 프로필

1,000종 이상의 상어와 가오리가 살고 있는 것으로 알려져 있어요. 4억 5,000만 년 전의 상어와 가오리 화석도 남아 있고요. 공룡보다 오래 살아남은 거예요! 상어는 16센티미터 길이의 드워프랜턴상어부터 12미터 길이의 고래상어까지 그 형태와 크기가 다양해요. 대부분의 상어는 호기심 때문에 물어요. 코와 이빨로 더듬고 느껴요. 불행히도 이 이빨이 아주 날카로워요! 해마다 전 세계에서 열 명 정도가 상어에게 죽임을 당하지만, 사실 떨어지는 코코넛에 맞아 죽는 사람이 더 많아요.

발레리가 10대였을 때 가족과 시드니의 해안으로 이사를 갔어요. 바다로 잠수하자마자 그녀는 수중 세계를 좋아하게 되었어요. 그녀는 스노클링을 터득하고 작살로 물고기를 잡아 집에 가져갔어요. 발레리는 작살로 고기를 잡는 모임에 들어갔고 거기서 지금의 남편인 론을 만났어요. 두 사람이 작살로 물고기를 잡는 솜씨는 뛰어났어요. 뛰어난 수중 카메라맨이기도 한 론은 발레리를 영상에 담았어요. 발레리는 겁 없이 사냥을 하고 자신이 잡은 물고기를 상어에게서 지켰어요. 상어와 시간을 많이 보낼수록 발레리는 상어의 지능에 감탄하고 상어가 오해받고 있다는 것을 깨달았어요. 어느 날 그들은 수많은 상어가 포획당하는 광경을 찍고는 불필요한 학살에 속상해했어요. 두 사람은 작살을 걸어 두고 다시는 해양 생물을 다치게 하지 않기로 했어요.

1960년대와 1970년대에 발레리와 론은 해양 영화와 TV 다큐멘터리를 많이 찍었고 '상어 전문가'로 유명해졌어요. 1974년 할리우드 영화인 「조스」를 위해 상어를 찍어 달라는 요청을 받았어요. 「조스」는 수영하는 사람들을 잡아먹는 백상아리에 대한 영화였어요. 이 영화가 인기를 끌면서 사람들은 상어를 아주 무서워하게 되었어요. 사람들은 물에 들어가는 것을 두려워하고 상어를 더 많이 포획했어요! 발레리는 토크 쇼에 나가 상어를 변호했어요. 그녀는 사람들에게 「조스」는 지어낸 이야기이고 상어는 영화에 나오는 것만큼 위험하지 않다고 했어요. 하지만 아무도 귀담아듣지 않았죠. 이후 발레리는 상어를 보호하기 위해 계속 캠페인을 벌였어요. 발레리의 다큐멘터리는 상어의 본래 성질과 상어가 해양 환경에 미치는 중요성을 보여 줘요. 그녀는 다음 세대의 상어 팬들에게 영감을 주고 있어요.

여우원숭이가 사는 숲
보아히라나 란드리아마몬지

보아히라나는 마다가스카르에서 태어나 그곳의 삼림이 파괴되는 것을 목격했어요. 마다가스카르는 지구상의 어떤 곳보다 식물과 동물이 다양한 곳이에요. 생물 다양성이 풍부한 곳이죠. 보아히라나는 대학교에서 농업, 토지 관리, 환경 보호를 공부했어요. 그리고 100종 이상의 여우원숭이가 사는 마다가스카르의 귀중한 숲을 아직 살려 낼 기회가 있다고 믿고 있어요.

보아히라나는 유스 포 리머(마다가시카라 보아카지라는 자선 단체가 조직한 프로젝트예요)에서 활동하며 젊은 사람들에게 농사짓는 법을 가르쳐요. 가난한 시골 사람들은 식량을 직접 길러야 해요. 그들은 농사지을 좋은 땅을 찾기 위해 숲의 나무를 베고 불을 질렀어요. 불타고 남은 숯과 재는 땅에 영양분을 공급하지만 그런 영양분은 영원히 지속되지 않아요. 토양의 영양분이 사라지면 농부들은 또 다른 숲에서 나무를 베어 내고 불을 질러요. 시간이 흐르면서 모든 숲이 사라져요.

보아히라나는 씨앗과 농기구를 제공하고 젊은 농부들에게 비료로 토양에 영양분을 공급하는 방법을 보여 줘요. 그러면 같은 땅에서 계속 농사를 지을 수 있어요. 젊은 농부들에게는 시기별로 어떤 작물을 심는지도 가르쳐요. 그러면 땅의 영양분을 지킬 수 있죠. 보아히라나를 따르는 젊은 농부들은 자신들의 농작물을 자랑스러워하고 그들의 공동체에서는 지속 가능한 농사법이 자리 잡아요.

여우원숭이 프로필

여우원숭이는 종마다 독특해요. 가장 큰 여우원숭이인 인드리는 90센티미터까지 자랄 수 있고 가장 작은 여우원숭이인 베르트부인쥐여우원숭이는 키가 11센티미터예요. 여우원숭이는 숲의 창조자예요. 씨앗을 퍼뜨리기 때문이죠. 여우원숭이들이 과일을 찾아 숲을 돌아다닐 때 그들의 몸에 붙었던 씨앗이 땅에 떨어져요. 씨앗은 여우원숭이의 배설물로도 빠져나가요. 그 씨앗들은 새로운 나무로 자라고 숲은 나무로 다시 채워지죠.

활동!

나무를 심어요

나무 심기 행사에 참가해 보세요. 여러분의 학교에 나무 심기 행사가 있는지 선생님께 물어보거나 인터넷에서 나무 심기 행사에 대한 정보를 찾아보세요. 여러분이 심은 나무가 자라는 동안 누가 여러분의 나무로 이사해 올까요?

여우원숭이 챔피언

보아히라나는 환경 보호도 가르쳐요. 그녀는 근처 숲의 여우원숭이가 얼마나 위기에 빠져 있는지를 설명해요. 더 많은 숲이 사라지거나 더 많은 여우원숭이가 사냥당한다면 여우원숭이는 영원히 사라질 거예요. 보아히라나는 더 많은 사람이 마다가스카르의 독특한 숲과 야생동물 보전에 나서기를 바라요.

적색 목록

모든 여우원숭이는 멸종 위기에 놓여 있어요. 전 세계의 포유류 중 가장 큰 위기에 빠져 있죠. 지금까지 알려진 100종의 여우원숭이 중 31종이 위급종이에요.

33

뉴질랜드 토종 카카포를 지켜요
타네 데이비스

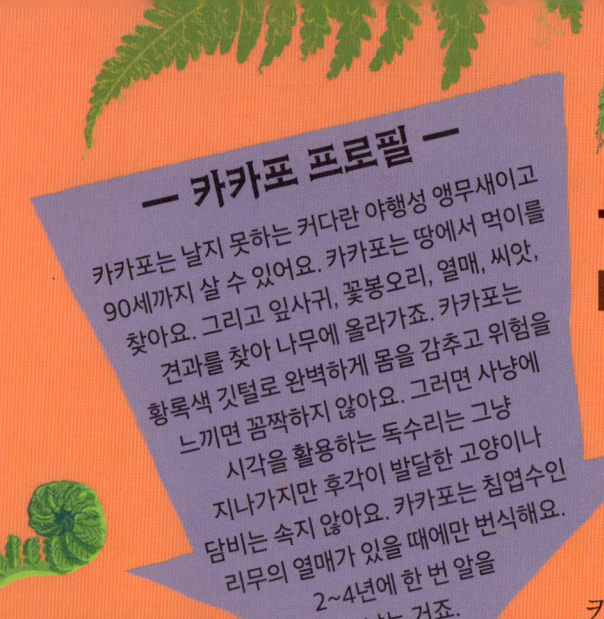

— 카카포 프로필 —

카카포는 날지 못하는 커다란 야행성 앵무새이고 90세까지 살 수 있어요. 카카포는 땅에서 먹이를 찾아요. 그리고 잎사귀, 꽃봉오리, 열매, 씨앗, 견과를 찾아 나무에 올라가죠. 카카포는 황록색 깃털로 완벽하게 몸을 감추고 위험을 느끼면 꼼짝하지 않아요. 그러면 사냥에 시각을 활용하는 독수리는 그냥 지나가지만 후각이 발달한 고양이나 담비는 속지 않아요. 카카포는 침엽수인 리무의 열매가 있을 때에만 번식해요. 2~4년에 한 번 알을 낳는 거죠.

타네는 뉴질랜드 남섬의 주요 마오리족인 응가이 타후 부족 사람이에요. 마지막 카카포(마오리어로 '숲의 올빼미'라는 뜻이에요)는 뉴질랜드 연안의 네 개 보호 구역에 살아요. 이 섬들은 풍부한 마오리 역사와 문화를 간직하고 있으며 카카포는 그들에게 중요한 새예요. 타네는 카카포 리커버리 그룹의 일원이에요. 이 그룹의 목표는 많은 사랑을 받는 새인 카카포가 멸종하지 않게 하는 거예요.

유럽인들이 뉴질랜드에 들어올 때 고양이, 쥐, 페럿, 담비, 고슴도치, 주머니쥐도 함께 들어왔어요. 날지 못하는 새인 카카포와 그 알은 이 영리한 포유류들의 쉬운 먹잇감이었어요. 여러 해 동안 이 포식자들이 뉴질랜드에 빠르게 퍼졌어요. 토종 동물들이 생존하기 위해 힘들게 싸우는 동안 외래종의 개체 수는 증가했어요.

1995년 환경 보호 활동가들이 카카포의 수를 세어 보았어요. 단 51마리만 남아 있었어요. 쥐가 보호 구역에 침입해 카카포의 알과 먹이를 먹었어요. 지속적으로 카카포를 추적 관찰하고 급속히 퍼지는 포식자들을 제거하기 위해 엄청난 노력이 시작되었어요.

타네는 마오리족과 환경 보호 활동가들이 힘을 합하도록 도왔어요. 카카포는 모두 무선 장치를 달고 있어 어디에서 무엇을 하는지 항상 추적되죠. 덕분에 인간이 카카포의 알을 모아 부화시키고 기를 수 있었어요. 카카포의 생존 가능성은 높아졌죠. 카카포는 심각한 위기에 빠져 있어서 한 마리 한 마리가 아주 소중해요.

적색 목록

카카포는 멸종 위기에 놓여 있어요. 뉴질랜드에 인간이 들어온 이후 50종쯤의 토종 새가 멸종했어요. 오늘날 뉴질랜드의 국조인 키위를 포함해 다섯 종의 새 중 네 종이 멸종 위기에 빠졌어요.

활동!

애완동물에게서 야생동물 보호하기

우리가 사랑하는 애완동물이 야생동물에게 해를 입힐 수도 있어요. 고양이 목에 방울을 달아 새와 작은 포유류에게 경고해 주세요. 야생동물 보호 구역에서나 새 둥지가 있는 수로를 따라갈 때는 개의 목줄을 잡고 다니세요. 애완동물이 야생동물을 쫓지 못하게 하세요. 산이나 들에 애완동물을 절대 풀어놓지 마세요.

카카포 챔피언

타네는 덫을 설치해 해충을 잡고, 개를 풀어 카카포의 포식자(쥐 등)를 잡게 했어요. 타네를 비롯한 카카포 리커버리 그룹의 수의사와 과학자들 덕분에 네 개 섬의 보호 구역에서는 포식자가 사라졌고 카카포가 200마리 이상으로 늘어났어요.

제왕나비의 겨울잠을 위하여
쿠아우테목 사엔즈 로메로 박사

이주란?
어떤 동물들은 해마다 한 장소에서 또 다른 장소로 이동해요. 아마 먹이를 찾기 위해, 새끼를 낳기 위해, 계절 변화를 피하기 위해, 겨울잠을 자기 위해서겠죠. 동물들은 몇 킬로미터 또는 수천 킬로미터를 여행하기도 해요. 과학자들은 제왕나비 같은 동물들이 어떻게 길을 찾는지 여전히 연구하고 있어요.

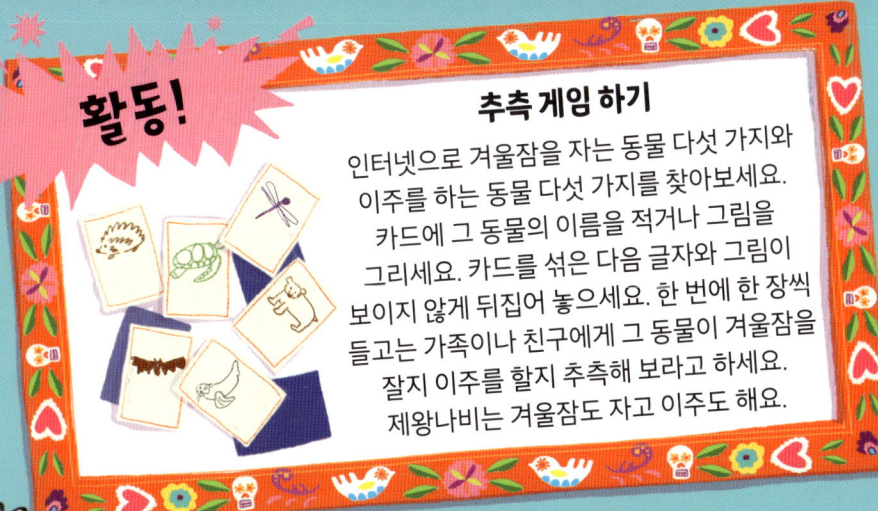

활동!

추측 게임 하기

인터넷으로 겨울잠을 자는 동물 다섯 가지와 이주를 하는 동물 다섯 가지를 찾아보세요. 카드에 그 동물의 이름을 적거나 그림을 그리세요. 카드를 섞은 다음 글자와 그림이 보이지 않게 뒤집어 놓으세요. 한 번에 한 장씩 들고는 가족이나 친구에게 그 동물이 겨울잠을 잘지 이주를 할지 추측해 보라고 하세요. 제왕나비는 겨울잠도 자고 이주도 해요.

— 제왕나비 프로필 —

제왕나비는 날개 폭이 13센티미터나 돼요. 북쪽과 남쪽으로 긴 여행을 하면서 다양한 꽃에서 꿀과 꽃가루를 먹고, 이는 새로운 식물이 자라는 것을 도와요. 제왕나비는 밀크위드라는 식물 위에서만 알을 낳아요. 제왕나비 애벌레는 독성이 있는 밀크위드 잎사귀를 뜯어 먹어요. 밀크위드의 독은 애벌레의 몸 안에 남게 되고, 덕분에 제왕나비가 되어서도 포식자로부터 안전하게 살아갈 수 있죠. 제왕나비는 겨울잠에서 깼을 때 몸을 떨어서 날개를 따뜻하게 해요.

가을마다 수백만 마리의 제왕나비가 캐나다에서 미국을 가로질러 중앙 멕시코까지 4,000여 킬로미터를 날아가요. 중앙 멕시코의 남쪽 산 사면에서 겨울을 나기 위해서죠. 제왕나비의 이주는 자연의 경이 중 하나예요. 제왕나비는 멋지게 무리를 이루어 멕시코에 도착한 다음 성스러운 전나무 가지의 보호를 받으며 거대한 무리를 지어 겨울잠을 자요.

적색 목록

제왕나비의 수는 80퍼센트 이상 줄어들었어요. 환경 보호 활동가들은 제왕나비를 미국의 위기종 목록에 올리자고 주장해요.

쿠아우테목은 숲 유전학자예요. 유전학자란 생물의 외모, 색깔, 행동, 건강 등의 특성이 어떻게 다음 세대로 전해지는지 연구하는 과학자예요. 전나무는 기후 변화로 위기를 겪고 있어요. 산에서 고도가 낮은 곳은 기후가 점점 따뜻해져서 나무들이 적응하지 못하고 병들어 가고 있어요. 지역 대학교의 과학자와 학생들의 도움으로 쿠아우테목은 고도 400미터 이상의 산에 750그루의 전나무 묘목을 심었어요. 쿠아우테목은 이 전나무들이 숲과 제왕나비를 모두 구해 주길 바라고 있어요.

멕시코 정부는 제왕나비 생물권 보호 구역을 지정했어요. 하지만 숲을 구하려면 지역 공동체와 협력해야 해요. 지역 사람들이 생계를 위해 나무를 베지 않도록 설득해야 하거든요.

제왕나비 챔피언

쿠아우테목은 높은 산에 심은 묘목들이 잘 자라는 것을 증명했어요. 그래서 숲에는 희망이 생겼지만 제왕나비는 여전히 위험에 처해 있어요. 미국과 멕시코의 제왕나비 보호론자들은 제왕나비의 경로를 추적해요. 그들은 제초제 사용을 멈추어 잡초를 자라게 하라고 농부들을 설득해요. 그래야 밀크위드가 계속 제왕나비의 집이 되어 줄 테니까요.

대왕판다를 보살펴요
뤼즈 박사(1965~)

뤼즈는 열아홉 살 때 중국 친링 산맥에 갔어요. 대왕판다를 연구하기 위해서였죠. 뤼즈는 여름에는 숲에서 캠핑하고 겨울에는 오두막에 살면서 8년 동안 친링 산맥에 머물렀어요. 그녀는 판다와 친구가 되었죠. 판다들은 뤼즈가 자신들의 굴에 드나드는 것을 허락했고 다쳤을 때는 뤼즈의 치료를 받았어요. 뤼즈는 숲의 생태와 판다의 행동을 연구했지요. 사람들이 원목과 땔감을 얻고 목초지를 만들기 위해 나무를 베면서 판다의 서식지가 얼마나 줄어들었는지도 알게 되었어요. 뤼즈는 야생 사진 찍는 법을 혼자서 공부했어요. 그리고 자신의 사진과 연구를 활용해 판다가 위기에 빠졌음을 세계에 알렸지요. 뤼즈는 중국 정부의 판다 고문이 되어, 판다 국립공원과 판다를 보호하는 법을 만들게 했어요.

1995년 뤼즈는 세계자연기금(WWF)에 참여했고 티베트에 사무실을 열었어요. 그녀는 티베트에 남아 있는 많은 산악림을 보고 흥분했어요. 그 산악림에서는 동물들이 사람을 무서워하지 않고 나무들의 나이는 600년이 넘었어요! 티베트 사람들은 말했어요. 그 산악림은 어떤 살아 있는 것도 해를 입지 않는 '신성한 산'이라고요. 라마승들은 산을 지키고 돌봐요. 그리고 공동체에도 똑같이 하라고 가르치죠. 공동체야말로 자연을 지키는 원동력이었어요. 그래서 뤼즈는 2007년 산수자연보호센터를 설립했어요. 시골 사람들이 숲에 해를 끼치지 않고도 유기농 차를 기르고 양봉을 하는 등 먹고살 방법을 찾도록 도우려는 것이었어요. 이 단체는 공동체에 판다의 서식지를 추적 관찰하고 순찰하는 법도 가르쳤어요.

판다 챔피언

여러 무리의 판다가 산림 파괴, 도로와 도시 건설로 인해 분리되었어요. 뤼즈는 신성한 산들과 다른 보호받는 땅들 사이에 야생동물의 이동을 돕는 생태 통로를 만들고 있어요. 뤼즈와 산수자연보호센터의 활동은 판다와 함께 살아가는 눈표범과 황금들창코원숭이에게도 도움이 되고 있어요. 눈표범과 황금들창코원숭이도 멸종 위기에 놓여 있어요.

적색 목록

판다의 수는 안정적이지만 안심할 수 없어요. 야생에는 1,864 마리쯤의 대왕판다가 있어요.

오랑우탄은 '숲에 사는 사람'이에요
비루테 갈디카스(1946~)

오랑우탄 챔피언
비루테는 50년 넘게 오랑우탄을 연구하고 보호했어요. 그녀는 한 가지 동물을 야생에서 가장 오랫동안 연구한 기록을 갖고 있어요. 국제오랑우탄재단도 만들었지요. 학생과 친환경 관광객들이 열대 우림 생태계를 공부하기 위해 국제오랑우탄재단을 찾아와요. 그리고 이곳에서 오랑우탄을 만나고 비루테의 활동에 대해 배우죠.

오랑우탄은 말레이어로 '숲에 사는 사람'이라는 뜻이에요.

— 오랑우탄 프로필 —
오랑우탄은 먹이를 찾아 우거진 숲을 돌아다녀요. 수백 종류의 열매를 먹고 배설물을 통해 씨앗을 퍼뜨려요. 오랑우탄은 나뭇가지를 부러뜨려 집을 짓지요. 덕분에 햇빛이 숲의 바닥까지 비춰 어린 식물들이 자랄 수 있어요. 오랑우탄은 혼자 사는 것을 좋아하지만 엄마 오랑우탄은 새끼와 함께 살면서 혼자 살 때 필요한 모든 것을 가르쳐요.

리키의 유산

루이스 리키는 제인 구달, 다이앤 포시, 비루테의 스승이었어요. 그는 우리와 가장 가까운 동물 친척인 고등 유인원을 이해함으로써 우리 자신을 더 잘 이해할 수 있다고 믿었어요. 구달, 포시, 비루테 모두 유명한 영장류 동물학자가 되었고 유인원을 구하기 위한 활동을 이끌었어요.

활동!

팜유에 대해 배우자

팜유는 연료로 쓰여요. 피자, 초콜릿, 치약, 샴푸 등 슈퍼마켓에 진열된 물건의 절반 정도에도 팜유가 들어가죠. 부엌에 있는 식품의 포장을 보세요. 첨가물 목록에 팜유가 적혀 있지 않나요? 팜유를 얻으려면 귀중한 열대 우림을 베어 내고 야자수를 길러야 해요. 그 과정에서 열대 우림에 사는 동물들도 사라지게 되죠. 그런데도 팜유가 들어간 물건을 계속 사야 할까요? 가족이나 친구와 토론해 보세요.

1971년 비루테는 야생 오랑우탄을 연구하기 위해 보르네오 섬의 탄중 푸팅 국립공원에 들어갔어요. 그곳은 가장 가까운 도시에서 배로 56킬로미터쯤 떨어져 있었어요. 그때까지 오랑우탄은 제대로 연구되지 않았어요. 오랑우탄은 겁이 너무 많은데다 찾기도 힘들었거든요. 그래도 비루테는 매일 정글로 들어가 망원경으로 우거진 나무들을 살펴보았어요. 두 달 만에 야생 오랑우탄 한 마리를 잠깐 볼 수 있었어요. 그런데 얼마 뒤에 비루테는 우리에 갇힌 아기 오랑우탄을 우연히 보게 되었어요. 인도네시아에서 오랑우탄을 사냥하고 기르고 파는 것은 불법이지만 여전히 많은 사람이 그런 일을 하고 있어요. 비루테는 아기 오랑우탄을 풀어 주게 했어요. 그리고 아기 오랑우탄의 엄마가 되어 주었죠. 비루테는 아기 오랑우탄에게 수기토라는 이름을 지어 주고 어디든 데리고 다녔어요. 수기토 덕분에 비루테는 야생 오랑우탄들과 아주 가까워졌어요.

오랑우탄의 집인 숲은 점점 사라지고 있었어요. 사람들이 땔감과 원목을 얻고 팜유 농장을 만들기 위해 나무를 베어 내고 불을 질렀거든요. 오랑우탄이 어쩔 수 없이 땅에 내려오면 사람들이 잡아 버렸어요. 비루테는 더 많은 고아 오랑우탄의 엄마가 되었죠. 비루테는 오랑우탄이 살아남도록 도와야 했어요. 1998년 비루테는 오랑우탄 보호소를 만들었어요. 이곳에서 어린 오랑우탄들은 인간 돌보미와 짝이 되어 숲의 학교에 가요. 그리고 생존에 필요한 기술을 배우게 되죠. 비루테는 어린 오랑우탄이 독립할 준비가 되면 보호림에 풀어 주었어요.

적색 목록

오랑우탄은 위급종이에요. 오랑우탄은 보르네오 섬과 수마트라 섬에서만 살아요.

북극의 얼음이 녹아 우리 모두 위험해요!
실라 와트 클루티에(1953~)

적색 목록
- 북극곰 : 취약
- 바다코끼리 : 취약
- 턱수염바다물범과 고리무늬물범 : 미국 절멸 위기종 보호법에서 위기종으로 보호

활동!

사냥에 대해 얘기해 봐요

가족이나 친구와 토론해 보세요. 여러분의 문화를 지키기 위해, 또는 여러분이 생존하기 위해 필요하다면 야생동물 사냥이 허용되어야 할까요? 그 동물이 멸종 위기에 놓여 있다면 어떻게 해야 할까요?

북극 챔피언

실라는 화석 연료 사용을 멈추고 재생 에너지로 바꾸라고 전 세계 사람들에게 요구하고 있어요. 그녀는 북극의 만년설이 녹으면 모두가 영향을 받는다는 것을 알리기 위해 노력하고 있어요. 해수면 상승, 해류의 변화, 온난화는 우리 모두의 삶을 변화시킬 거예요. 실라는 이누이트족의 어린 학생들과 함께 전통적인 삶의 기술로 환경을 보호하고 지속 가능한 삶으로 나아가는 방법을 찾고 있어요. 그녀는 이 방법을 전 세계에 알리고 싶어 해요.

실라는 캐나다 퀘벡 주 북부 쿠주아크의 이누이트 공동체에서 태어났어요. 그녀의 가족은 개 썰매를 이용해 사냥과 채집을 하고 눈집을 짓는 등 이누이트의 전통 방식으로 살았어요. 열 살 때 실라는 기숙학교에 들어가 캐나다의 공용어인 영어와 프랑스어를 배웠어요. 그리고 그녀의 공동체를 위해 통역사가 되었지요. 빠른 기후 변화로 이누이트의 삶이 영향을 받기 시작하자 그녀는 세상에 알려야겠다고 생각했어요.

열과 온실가스가 북극 상공에 모이고 땅과 바다의 얼음이 모두 녹으면서 북극은 세계의 나머지 지역보다 두 배 이상 빠르게 따뜻해지고 있어요. 북극의 모든 사람과 동물은 바다의 얼음에 의존해서 살아가요. 이누이트족은 자신들이 추위 속에서 번성하고 사람은 순환하는 생명 공동체의 일부일 뿐이라고 믿어요. 이누이트족은 생존에 필요한 만큼만 사냥하고 그 어떤 것도 낭비하지 않아요. 얼음이 녹으면 사람과 동물의 공동체는 이동해야만 해요.

2005년 실라는 미국을 상대로 기후 변화 소송을 시작했어요. 그녀는 화력 발전소에서 나오는 온실가스가 북극을 더워지게 하고 이누이트의 건강과 문화, 생계를 위협한다고 주장했어요. 그녀는 62명의 이누이트족 사냥꾼과 원로들이 서명한 탄원서를 냈어요. 실라는 소송에서 이기지는 못했어요. 하지만 그녀 덕분에 전 세계 사람들이 기후 변화에 관심을 갖게 되었지요.

— 북극 동물 프로필 —

물범과 바다코끼리는 해빙 위에서 사냥하고 쉬고 새끼를 길러요. 바위투성이인 해안보다 얼음이 안전하기 때문이죠. 북극곰도 해빙 위에서 물범을 사냥해요. 북극곰은 하얀 털 덕분에 완벽하게 숨을 수 있어요. 여름이면 어떤 북극곰은 해안에서 오도 가도 못해요. 그 곰은 겨울에 바다가 다시 얼 때까지 사냥도 못하고 굶주려야 해요. 해마다 북극의 여름은 점점 길어지고 곰들은 점점 살이 빠져요.

우리가 자연을 돌보면 자연도 우리를 돌볼 거예요
데이비드 애튼버러(1926~)

행성 지구 챔피언

2021년 데이비드는 유엔 기후 변화 회의의 의장이었어요. 그는 200개국 지도자들에게 지구의 생물 다양성이 위협받고 있다고 말했어요. 그리고 인간이 환경에 해를 입히지 않고도 살아갈 방법이 있다면서 빨리 그 방법을 배우지 않으면 야생동물과 생태계가 영원히 사라질 거라고 경고했어요. 그는 가장 좋아하는 동물이 뭐냐는 질문에 "인간입니다. 우리가 힘을 합하면 못해낼 일이 없죠"라고 대답했어요.

어릴 때부터 데이비드는 자연을 탐험하고 배우는 것을 좋아했어요. 영국의 집 근처 연못에서 벌레와 양서류를 잡았고 몇 킬로미터나 떨어진 곳까지 자전거를 타고 가 화석을 찾았어요. 그는 대학에서 동물학과 지질학을 공부했지만 자신이 훌륭한 과학자가 될 거라곤 생각하지 않았어요. 그래서 1952년 공영 방송 BBC에 들어가 프로듀서(텔레비전 프로그램을 기획하는 사람)가 되었어요.

1954년 데이비드는 처음으로 야생동물을 출연시킨 '동물원 탐사' 시리즈를 만들었어요. 시청자들은 그의 열정과 유머 감각을 좋아했고 이 시리즈는 10년 동안 방영되었어요. 데이비드는 BBC의 사장 자리를 제안 받았지만 거절했어요. 더 많은 자연 다큐멘터리를 쓰고 제작하고 진행하고 싶어서였죠. 데이비드는 '생명의 위대한 역사'라는 시리즈를 만들었고 1979년에 방영되었어요. 가장 작은 생명체부터 유인원까지 지구의 생물 다양성을 다룬 이 시리즈는 기발한 사진과 창의적인 전개 덕분에 많은 상을 받았어요.

데이비드는 60년 동안 프로듀서로 일하면서 지구의 구석구석을 여행했어요. 그는 초기에 자연의 놀라움을 다루었지만 나중에는 인간이 지구에 입힌 파괴적인 영향을 보여 주었어요. 그는 동물과 생태계를 구하기 위한 활동에 힘을 실어 주고 기후 변화에 맞선 캠페인을 펼치고 있어요. 그는 기후 변화가 지구의 생명체에 대한 가장 큰 위협이라고 믿어요.

동물들에 다가가기

다큐멘터리를 만들면서 데이비드는 많은 일을 겪었어요. 3미터 길이의 보아뱀을 잡은 적도 있고 새끼 마운틴고릴라가 그를 올라탄 적도 있고 코뿔소가 그를 향해 돌진해 온 적도 있어요! 2015년 그는 트리톤이라는 최첨단 잠수정을 타고 그레이트 배리어 리프로 깊이 들어갔어요. 데이비드는 다큐멘터리 제작진에게 최신 기술과 카메라 렌즈를 사용하게 했어요. 거기에는 식물의 성장을 고속으로 보여 주는 타임 랩스 촬영(저속 촬영), 야행성 동물의 움직임을 기록하는 적외선 카메라, 미세한 벌레의 세계를 담는 클로즈업 접사용 렌즈도 포함되었어요.

활동!

다큐멘터리 만들기

나만의 자연 다큐멘터리를 찍어 보세요. 먼저 무대를 골라요. 아마 정원이나 공원, 동물원이 되겠죠. 그다음에는 동물을 골라요. 그 동물과 적당한 거리를 유지하세요. 그 동물이 무엇을 하고 있나요? 카메라의 각도를 바꿔 보세요. 동물의 눈에는 세상이 어떻게 보일지도 생각해 보세요. 완성된 다큐멘터리를 가족과 친구에게 보여 주세요.

우리가 자연을 돌보면 자연도 우리를 돌볼 거예요.

자연을 돌볼 시간

여러분은 환경 보호 활동가가 되어 가고 있어요! 이 책을 읽으면서 여러분은 전 세계의 여러 곳을 여행하고 놀라운 동물을 만나고 지구의 생명을 위협하는 수많은 도전에 대해 배웠어요. 이제 여러분이 어떻게 도울 수 있을지 생각해 볼 시간이에요.

이 책에서 여러분은 여러 형태의 환경 보호 단체에 대해 읽었어요. 그들은 엄청난 정보를 나눠 주면서 여러분과 환경 보호에 대해 이야기하고 싶어 해요. 더 많이 알고 싶다면 그들의 웹 사이트를 찾아보세요.

자연계를 어떻게 도울 수 있을까요?

모든 사람은 각자의 흥미와 기술을 갖고 있어요. 그런 흥미와 기술이 여러분을 여러분답게 만들어 줘요. 이 책에 나온 사람들처럼 여러분도 여러분의 흥미와 기술로 다른 사람들에게 영감을 주고 변화를 만들 수 있어요. 여러분이 세상과 동물을 돕고 싶다면 스스로 물어보세요.

✹ 위기에 빠진 동물 중에 관심이 가는 것이 있나요?
✹ 어떤 단체가 그 동물을 돕고 있나요?
✹ 여러분은 어떻게 참여할 수 있나요?

아무리 작은 행동이라도 변화를 만들 수 있어요. 그리고 그 과정에서 여러분은 환상적인 사람들과 동물들을 만날 거예요.

더 푸른 삶을 살아요

작은 변화들이 큰 변화를 만들 수 있어요. 친환경 상품을 사고 쓰레기를 줄이고 집 주위의 자연을 보호하세요. 친구와 가족에게 위기에 빠진 동물들에 대해 알려 주세요. 그렇게 더 많은 사람이 환경 보호에 나서도록 용기를 주세요.

여러분의 특별한 기술은 무엇인가요?
새로운 기술을 사용해 보세요!

사진 찍기	동물 추적하기	동물 돌보기
영화 찍기	정보 모으기	모금하기
그림	과학 실험	소셜 미디어 사용하기
음악	탐험	공개 연설
글쓰기	식물 기르기	행사 짜기

옮긴이의 말

우리는 최첨단 기술의 시대에 살고 있어요.
불과 몇십 년 전만 해도 상상하지 못했던 것들이 우리 삶을 편리하게 해 주고 있어요.
하지만 모든 것에는 밝은 면과 어두운 면이 있게 마련이에요.
편리한 삶은 지구 온난화, 기후 변화, 해수면 상승, 생태계 파괴 같은 문제를 가져왔어요.
그러면서 지금껏 우리와 함께해 왔던 많은 생물종이 멸종 위기에 놓였지요.
이제는 우리 인간의 생존까지 위협받고 있어요. 어쩌면 실감이 나지 않을지도 몰라요.
여러분이 주로 살고 있는 도시는 자연과 멀리 떨어진 곳처럼 느껴지니까요.
그렇다면 해마다 여름이 얼마나 더워지고 있는지 생각해 보세요.
이런 더위로 죽어 가는 사람이 얼마나 되는지도 살펴보고요.
더위는 지구가 망가지고 있다는 신호예요. 신호를 무시해 버리면 더는 희망이 없는 거예요.
이 책에는 지구를 지키기 위해 노력한, 그리고 지금도 노력하는
스물한 명의 환경 운동가가 등장해요. 이분들이 어떤 일을 했는지 따라가 보면서
여러분이 지구를 지키기 위해 어떤 일을 할 수 있을지 고민하고 실천해 보세요.
여러분의 작은 노력이 모이면 엄청난 변화가 시작될 거예요. 우리 함께 지구를 지켜요!

케이트 페리도트 글

흡인력 있는 스토리텔링 기술로 어린 독자들을 격려하고 매혹하는 작가예요. 불굴의 정신, 탐구욕, 모험심을 고취하는 사람과
동물, 그리고 과학에 관한 신나고 흥미진진한 책을 써요. 현재 가족과 함께 햇빛 찬란한 남프랑스에 살면서 정기적으로 영국을 오가고 있어요.

세라 롱 그림

2004년 케임브리지 예술대학을 졸업한 이후 일러스트 작가로서 워커북스, 하퍼콜린스, 펭귄랜덤하우스, 팬맥밀런, 마이클오마라,
사이먼앤슈스터 같은 출판사와 일하고 있어요.

윤정숙 옮김

고려대학교 영어영문학과를 졸업하고 잡지사와 출판사에서 일했으며, 지금은 번역가로 활동하고 있어요. 옮긴 책으로 『이클립스』,
『브레이킹 던』, 『택시 소년』, 『물이 돌고 돌아』, 『춤추는 백조』, 『그랜드 캐니언』, 『영원한 친구』, 『피어나다』, 『사물의 역사』 등이 있어요.

CARING CONSERVATIONISTS WHO ARE CHANGING OUR PLANET by Kate Peridot, illustrated by Sarah Long

Text © 2023 Kate Peridot   Illustrations © 2023 Sarah Long

All rights reserved. No part of this book may be reproduced, transmitted, broadcast or stored in an information retrieval system
in any form or by any means, graphic, electronic or mechanical, including photocopying, taping and recording,
without prior written permission from the publisher.
This Korean edition was published by SOSO(Ltd.) in 2025 by arrangement with Walker Books Limited,
London SE11 5HJ through KCC(Korea Copyright Center Inc.), Seoul.

이 책은 (주)한국저작권센터(KCC)를 통한 저작권자와의 독점 계약으로 (주)소소에서 출간되었습니다.
저작권법에 의해 한국 내에서 보호를 받는 저작물이므로 무단전재와 복제를 금합니다.

세상을 바꾸는 환경 운동가들

초판 1쇄 인쇄 2025년 10월 20일
초판 1쇄 펴냄 2025년 10월 30일
지은이 케이트 페리도트   **그린이** 세라 롱   **옮긴이** 윤정숙   **펴낸이** 박남숙   **펴낸곳** (주)소소 첫번째펭귄
출판등록 2022년 7월 13일 제2022-000195호   **주소** 03961 서울특별시 마포구 방울내로9길 24 301호(망원동)
전화 02-324-7488   **팩스** 02-324-7489   **이메일** sosopub@sosokorea.com   **ISBN** 979-11-990987-2-5 73990

- 이 책 내용의 일부 또는 전부를 재사용하려면 반드시 (주)소소 첫번째펭귄의 동의를 얻어야 합니다.
- 잘못 만들어진 책은 구입하신 서점에서 교환해드립니다.

제품명 어린이용 각양장 도서   **제조자명** (주)소소 첫번째펭귄   **제조국명** 대한민국   **사용연령** 6세 이상
주의사항 종이에 베이거나 긁히지 않도록 조심하세요. 책 모서리가 날카로우니 던지거나 떨어뜨리지 마세요.
KC마크는 이 제품이 공통안전기준에 적합하였음을 의미합니다.